Alexander Graham Bell

Destinado para inventar

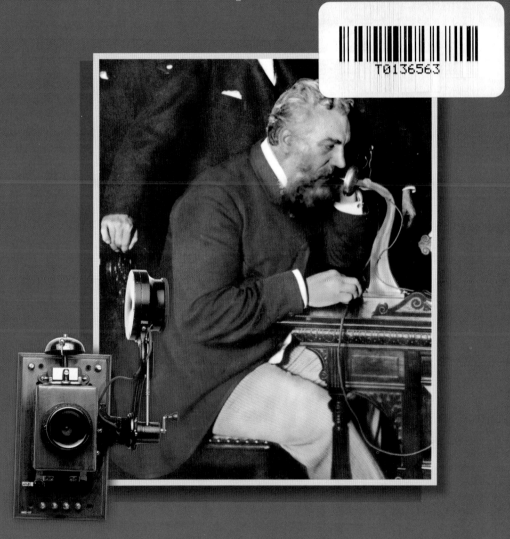

Jennifer Kroll

Asesor

Glenn Manns, M.A.
Coordinador del programa de enseñanza de Historia de los Estados Unidos en la Cooperativa Educativa de Ohio Valley

Créditos

Dona Herweck Rice, *Gerente de redacción*; Lee Aucoin, *Directora creativa*; Conni Medina, M.A.Ed., *Directora editorial*; Katie Das, *Editora asociada*; Neri Garcia, *Diseñador principal*; Stephanie Reid, *Investigadora fotográfica*; Rachelle Cracchiolo, M.A.Ed., *Editora comercial*

Créditos fotográficos

Teacher Created Materials

5301 Oceanus Drive
Huntington Beach, CA 92649-1030
http://www.tcmpub.com

ISBN 978-1-4333-2575-5
©2011 Teacher Created Materials, Inc.
Printed in China
Nordica.072019.CA21901006

Tabla de contenido

Un inventor joven

Alexander Graham Bell nació en 1847. Se crió en Escocia. Alexander fue un **inventor**. Un inventor hace cosas nuevas. Alexander hizo su primer **invento** cuando tenía 11 años.

Dato curioso

Alexander fue ciudadano de tres países: Escocia, Canadá y los Estados Unidos.

Alexander en Escocia

Un día, el joven Alexander estaba jugando con su amigo Ben Herdman. El padre de Ben les encargó una tarea a los niños. Tenían que quitar a mano la **cascarilla** del trigo. ¡Era una tarea dura!

Hace mucho tiempo, los niños solían quitar la cascarilla del trigo.

espiga de trigo

Este molino usaba la energía del agua corriente para moler el trigo hasta convertirlo en harina.

Alexander y Ben buscaron una manera más fácil. Encontraron un barril y lo cubrieron por dentro con cepillos. Pusieron el trigo en el barril y lo removieron con un remo. ¡Las cascarillas se soltaron fácilmente! Al padre de Ben le encantó este invento. Lo usó durante muchos años.

Alexander y Ben trabajan en su máquina para desgranar el trigo.

El padre de Ben con la máquina
para desgranar el trigo

El sonido y el silencio

Alexander y su hermano trabajaron para hacer una máquina parlante. La máquina gritó —¡Mamá!—. Logró engañar a los vecinos. Esto hizo que Alexander se interesara por el sonido. ¿Cómo se desplazaba? ¿Cómo funcionaban las voces?

Dato curioso

Si hablas a través de un cono, tu voz suena más fuerte. ¡Pruébalo!

Dato curioso

Éste es un viejo fonógrafo llamado **Vitrola**. Se usaba en la década de los 1800 para reproducir la música almacenada en discos. ¿Ves el altavoz? Tiene forma de cono.

Alexander tenía buenas razones para hacerse esas preguntas. Su madre se estaba quedando **sorda**. A ella le gustaba oírlo tocar el piano. Alexander quería que ella lo escuchara tocar su música.

Dato curioso

Es posible que la madre de Alexander haya usado un "tubo para hablar" como éste para oír mejor.

El tubo para hablar se usaba de esta manera.

Alexander toca el piano.

Alexander creció y se convirtió en maestro de niños sordos. Enseñaba en una escuela de Boston. Le encantaba su trabajo. Pero todavía le encantaba inventar cosas nuevas.

Alexander

Alexander, junto a otros maestros y a los estudiantes, frente a la Escuela para Sordomudos de Boston

Unos años más tarde, Alexander se casó con Mabel Hubbard. Mabel era sorda.

Alexander con su esposa, Mabel, y sus hijas Elsie (izquierda) y Marian (derecha)

El teléfono de Alexander

Alexander trabajaba en sus inventos por la noche. Tenía una idea para una máquina. Una persona podía hablar por la máquina. Otra persona podía escuchar de lejos. Este invento fue el **teléfono**.

Alexander trabaja en un invento.

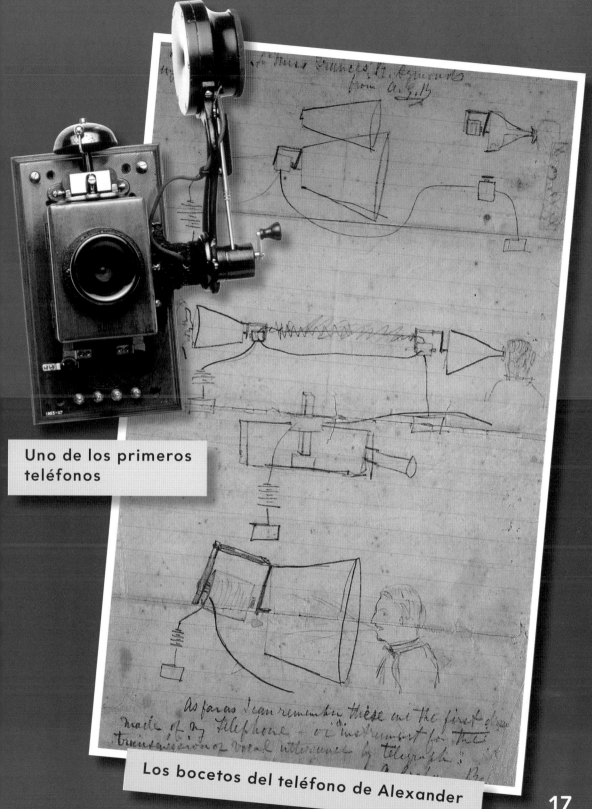

Uno de los primeros teléfonos

Los bocetos del teléfono de Alexander

Los padres de dos de sus alumnos lo ayudaron. Le consiguieron suministros y un lugar donde trabajar. Alexander contrató a Thomas Watson como su ayudante.

Thomas Watson

Alexander y Thomas en su laboratorio

Alexander y Thomas trabajaban muy duro. Querían ser los primeros en hacer un teléfono. Alexander sabía de otro inventor. Ese hombre también estaba intentando hacer un teléfono.

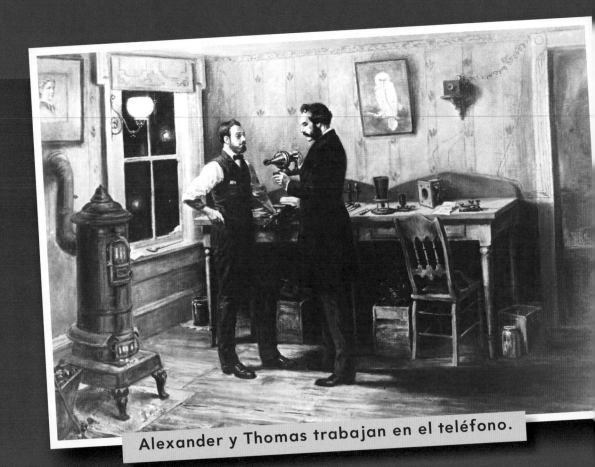

Alexander y Thomas trabajan en el teléfono.

Elisha Gray fue otro inventor que también intentó construir un teléfono.

Era el 10 de marzo de 1876. Alexander y Thomas probaron su invento. Thomas escuchaba. ¡Oyó la voz de Alexander desde un lugar lejano! Alexander dijo, —Sr. Watson, venga aquí. Quiero verte—.

Dato curioso

Éste fue el primer teléfono de Alexander. Él hablaba en la parte superior.

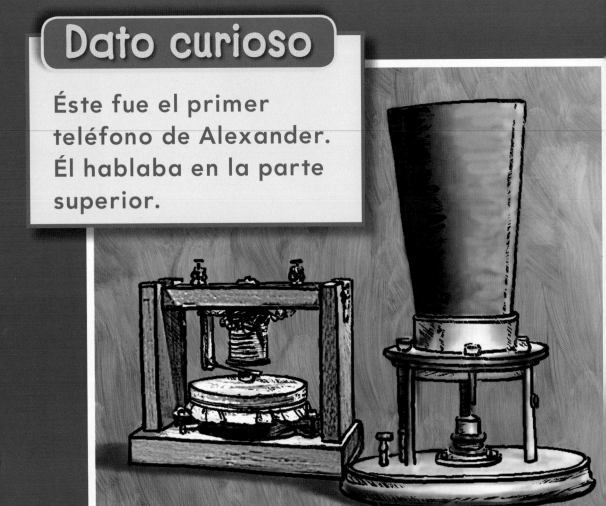

Alexander habla por teléfono.

Otros inventos

El teléfono de Alexander fue un éxito. Al poco tiempo, muchas personas tenían un teléfono en casa. Después Alexander inventó muchas otras cosas. Inventó el **tocadiscos** y también el **detector de metales**.

Hace mucho tiempo, había cables de teléfono tendidos por todas partes.

Alexander inventó el cilindro de cera.

Dato curioso

Hoy en día, la gente usa detectores de metales para encontrar muchas cosas, como las monedas.

Un detector de metales

Alexander inventó un barco muy rápido. Hizo una cometa que podía llevar a una persona. Pero su invento más famoso fue el teléfono. Siguió inventando cosas hasta su muerte, en 1922. Tenía 75 años.

El hidroala de Alexander

Dato curioso

Un modelo de la cometa de Alexander cuelga en un museo.

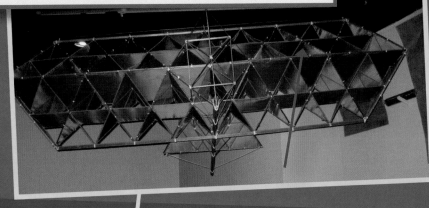

Alexander y sus asistentes lanzan su cometa.

27

1847
Alexander Graham Bell nace en Escocia.

1858
Alexander inventa una máquina para desgranar trigo.

1871
Alexander acepta un trabajo en Boston. Les enseña a niños sordos.

tiempo

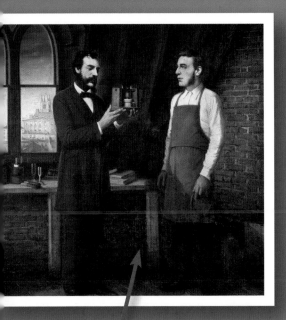

1876

Alexander construye un teléfono. Thomas puede oír su voz a través del aparato.

1877

Alexander se casa con Mabel Hubbard.

1922

Alexander muere a los 75 años.

29

Glosario

cascarilla—la parte seca exterior del trigo

detector de metales—máquina que se usa para encontrar cosas hechas de metal, como monedas o joyas

invento—algo nuevo y diferente

inventor—persona que crea cosas nuevas y diferentes

sordo(a)—que no puede oír

teléfono—aparato que se usa para hablar con una persona que está en otro lugar

tocadiscos—máquina para reproducir música

Vitrola—máquina para reproducir discos de sonido

Índice

Estadounidenses de hoy

Esta niña está tomando una fotografía con su teléfono celular. ¡Los teléfonos de hoy hacen muchísimas cosas! ¿Qué crees que pensaría Alexander Graham Bell de nuestros inventos?